IL ÉTAIT UNE FOIS...

L'odyssée de la respiration

TM& © Procidis
www.hellomaestro.fr

D'après la Série conçue et réalisée par Albert BARILLE, avec les dessins de Jean BARBAUD et les couleurs d'Afroula HADJIYANNAKIS
Texte : Josette Dall'Ava Santucci - Photographies couverture : Shutterstock

Illustrations PROCIDIS

ISBN 978-2-38148-041-1
Dépôt légal : 2e trimestre 2021
Achevé d'imprimer en France par Pollina - 97753C

PRINTED IN FRANCE

HELLO MAESTRO!

IL ÉTAIT UNE FOIS...

L'odyssée de la respiration

Josette Dall'Ava Santucci

AEDIS

LE SANG CIRCULE ? MAIS DEPUIS QUAND ?

Selon Aristote, philosophe grec du IVe siècle av. J.-C., le sang est contenu dans une **outre** à l'intérieur du corps et c'est seulement si on la perce que le sang s'écoule. Cette théorie reprise au IIe siècle apr. J.-C. par Galien, médecin de plusieurs empereurs romains, est enseignée jusqu'au XVIIe siècle dans tout le monde occidental.

Pourtant, depuis des millénaires en Chine et depuis des siècles chez les Grecs, puis dans toute la médecine européenne, on sait prendre le **pouls** qui correspond aux battements du cœur tout en l'interprétant de façon plus ou moins fantaisiste.

Exemple, la servante du *Malade imaginaire* (Molière 1673) déguisée en médecin : « Donnez-moi votre pouls. Allons donc, que l'on batte comme il faut. Ah ! je vous ferai bien aller comme vous devez. Ouais ! Ce pouls-là fait l'impertinent. Je vois bien que vous ne me connaissez pas encore ».

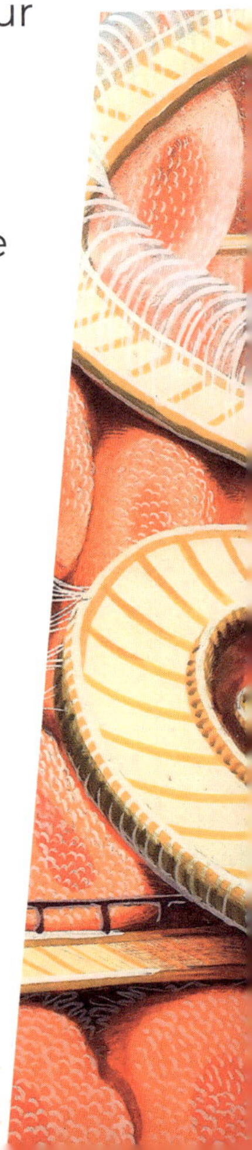

Outre : peau d'animal cousue servant de récipient aux liquides.

Pouls : battements dus à la contraction du cœur que l'on peut percevoir au niveau du poignet. Par exemple, on dit « prendre le pouls » pour palper une artère et compter ses battements.

La circulation sanguine

C'est William Harvey, un médecin anglais, qui, en 1628, décrit la circulation du sang. Cela change tout mais, à la faculté de Paris, le doyen préfère « se tromper avec Galien qu'avoir raison avec ce charlatan d'Harvey ». Ces nouveautés ne seront pas enseignées à la faculté mais dans une école parallèle à partir de 1672 par Pierre Dionis, chirurgien, au Jardin royal des plantes médicinales créé par Louis XIV. On comprend mieux Molière qui se moque des médecins de la faculté qui « interdisent au sang de circuler ». C'est aussi l'occasion de souligner que le roi est un esprit éclairé.

C'est donc sur cette grande rivière fermée comme un grand 8 (voir p. 19) que va voyager notre globule.

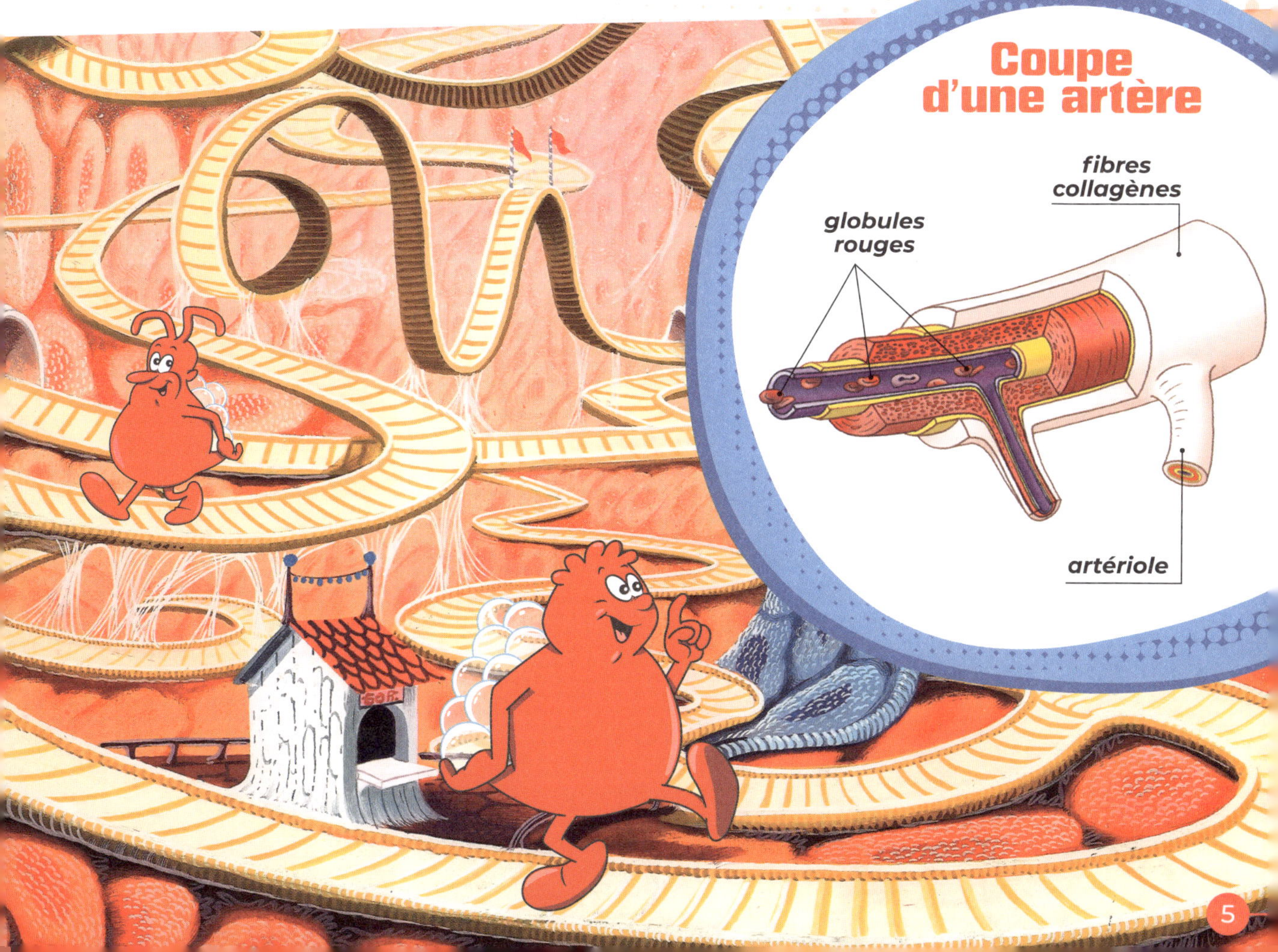

MAIS QUI FOURNIT L'OXYGÈNE ?

C'est la nature qui nous fournit cette petite molécule aussi appelée O_2. Les plantes, grâce à leur chlorophylle et au soleil, vont produire de l'oxygène et absorber du gaz carbonique (CO_2) : c'est le processus de la **photosynthèse**. C'est pourquoi les forêts sont considérées comme « les poumons de la planète » !

Photosynthèse : mécanisme par lequel les plantes fabriquent de la matière à partir de l'eau et du gaz carbonique (CO_2) en utilisant la lumière du soleil. Il en résulte un dégagement d'oxygène (O_2) dans l'air que nous respirons.

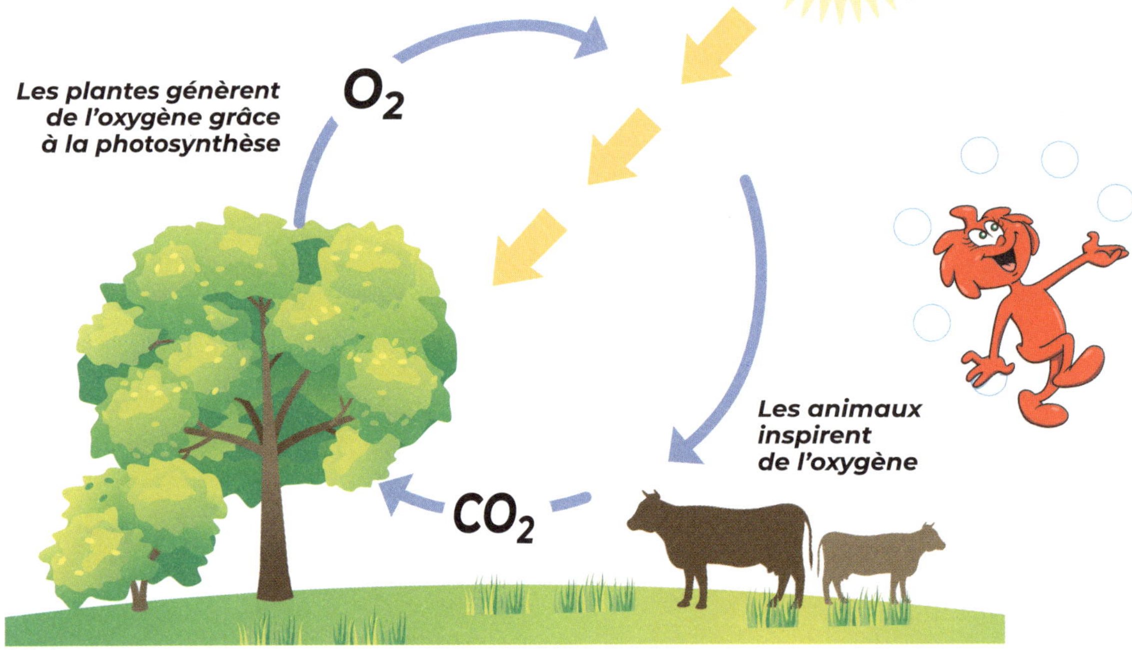

© iStock

Nous et les autres espèces animales faisons exactement l'inverse. Nous inspirons de l'oxygène et expirons du CO_2, par la bouche ou le nez. D'ailleurs, si vous parlez à vos plantes – ou mieux si vous leur chuchotez dans les feuilles – elles ne s'en porteront que mieux car ce faisant vous leur apportez leur nourriture préférée : le CO_2.

Nous n'expirons dans l'atmosphère qu'une quantité infime de CO_2 et pendant des millions d'années notre présence n'a pas perturbé la planète. C'est l'industrialisation qui a fait progresser de façon exponentielle, en quelques décennies, la production de ce gaz et c'est très grave pour deux raisons. D'une part, le CO_2 combiné à l'eau produit un acide, l'acide carbonique : donc, quand il pleut, ce liquide acide va retomber sur la terre et dans la mer. D'autre part, ce gaz – comme d'autres – participe au réchauffement de la planète en restant le plus souvent dans l'atmosphère, comme un grand couvercle étouffant.

LES POUMONS, PREMIÈRE ÉTAPE DU GRAND VOYAGE

Organes en forme d'ailes, les poumons se déploient et se referment de part et d'autre du cœur, battant à un rythme d'environ 15 respirations par minute. Le cœur bat pour son propre compte 4 fois plus vite : environ 60 battements par minute chez l'adulte et plus vite chez les enfants.

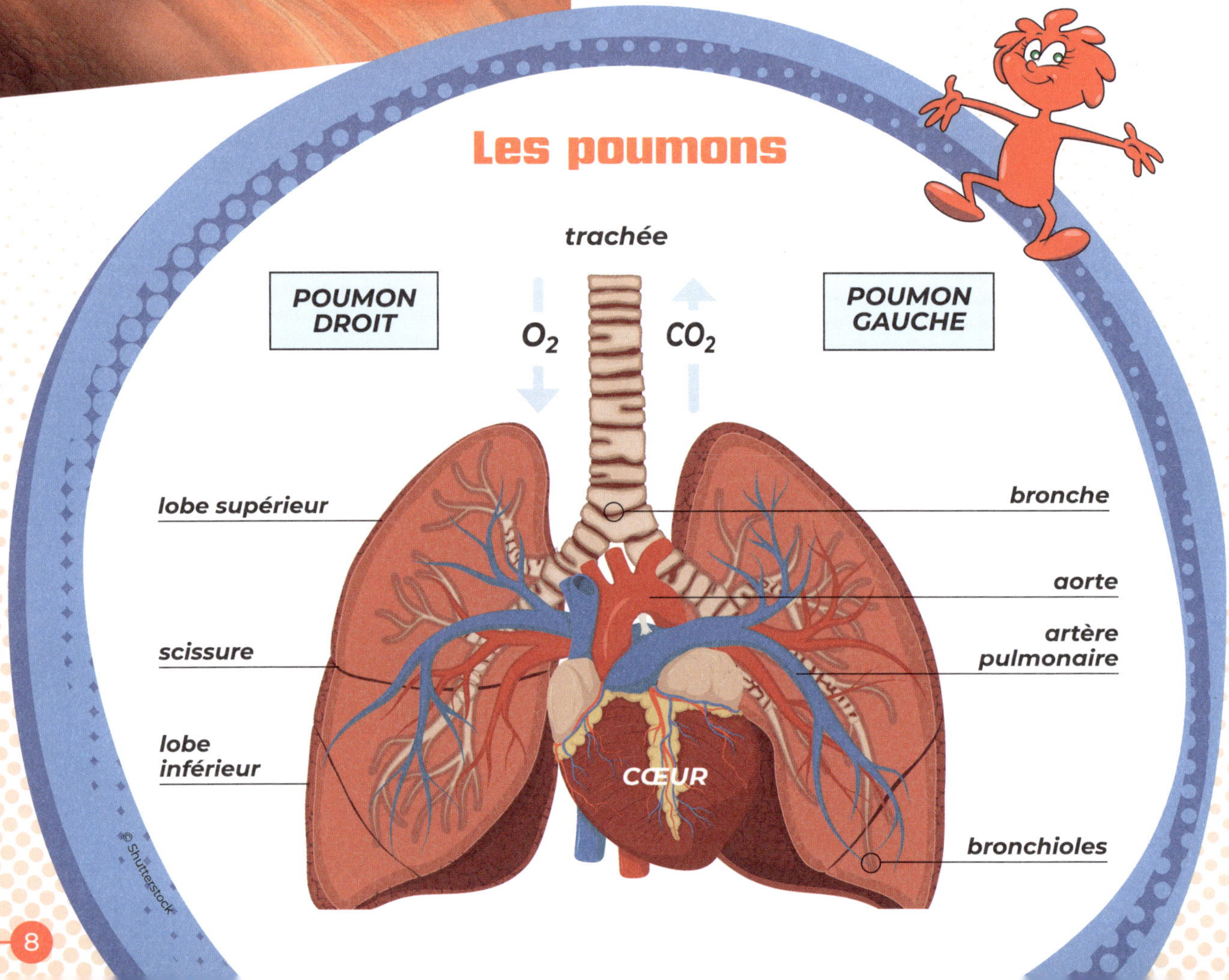

À chaque respiration, on inspire par le nez ou la bouche, l'air passe par la gorge puis la trachée puis les bronches pour arriver très loin tout au fond où se trouvent des petits sacs appelés alvéoles et disposés en petites grappes. Il y en a des millions et c'est là que l'oxygène arrive pour franchir une étape très importante : le passage dans le sang. Si on les aplatissait par terre, on aurait une surface totale de 70 m², un bel appartement en somme où se promener tranquillement pour trouver toutes les petites sorties vers le sang.

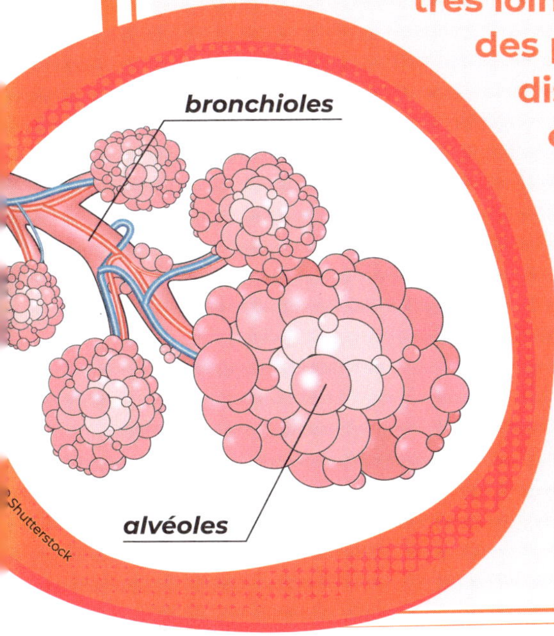

Mais où est le sang ?

Bien caché et pas très loin : juste dans les parois de ces multiples petits ballons. Finalement, comme un passe-muraille, l'oxygène trouve sa voie à travers de petits trous dans les cloisons. Il croise au passage des molécules de CO_2 qui vont prendre le chemin inverse.

En effet, après l'inspiration qui a fait entrer l'air riche en oxygène, va venir l'expiration : on va souffler dans l'atmosphère un air différent, riche en CO_2.

QUI COMMANDE LES MOUVEMENTS DES POUMONS ?

Le poumon et le cœur sont enfermés dans la **cage thoracique** avec les côtes qui les protègent. La cage thoracique contient aussi des muscles (diaphragme et autres petits muscles) et c'est justement eux qui, en se contractant 15 fois par minute, vont faire gonfler les poumons : c'est l'inspiration. Quand ils sont bien gonflés, les muscles se relâchent et les poumons se vident comme des ballons : c'est l'expiration.

La cage thoracique

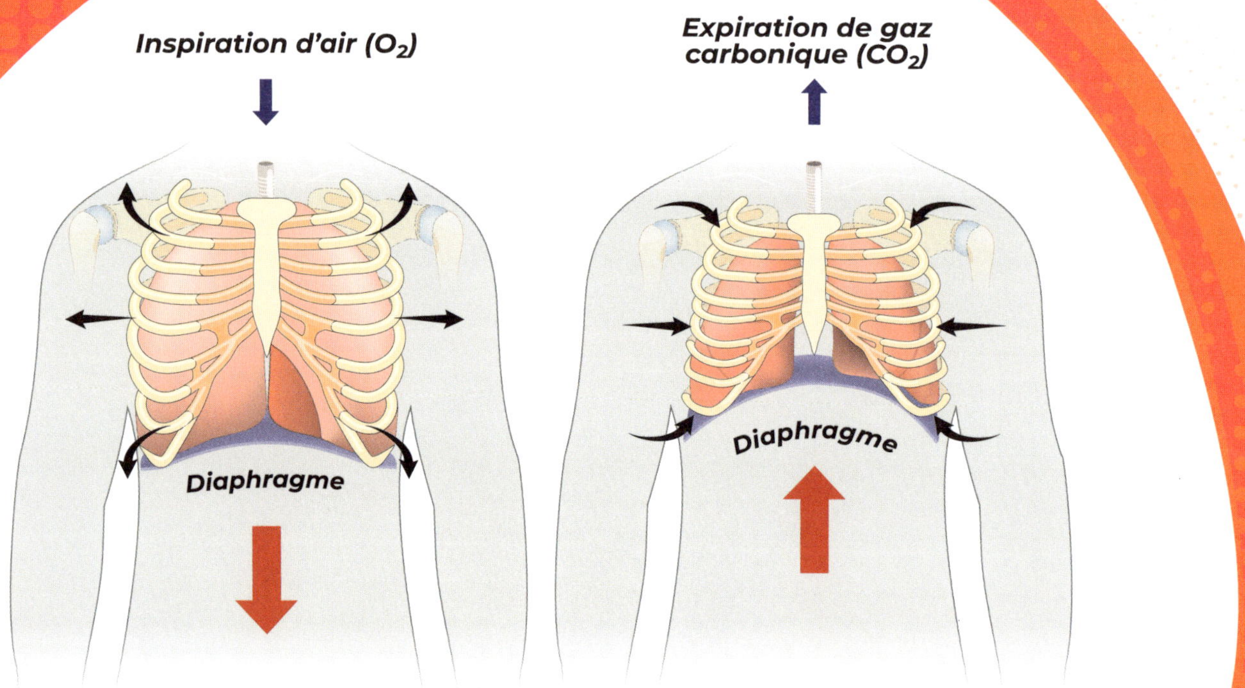

Comme tous les muscles, les muscles respiratoires sont activés par des nerfs moteurs reliés au qui les font se contracter.

Les centres respiratoires se trouvent dans le cerveau primitif (ou reptilien) avec les autres commandes automatiques : c'est le cas des mouvements des poumons, du cœur et du tube digestif. Ainsi, on ne risque pas d'oublier de respirer ou de digérer, même pendant le sommeil.

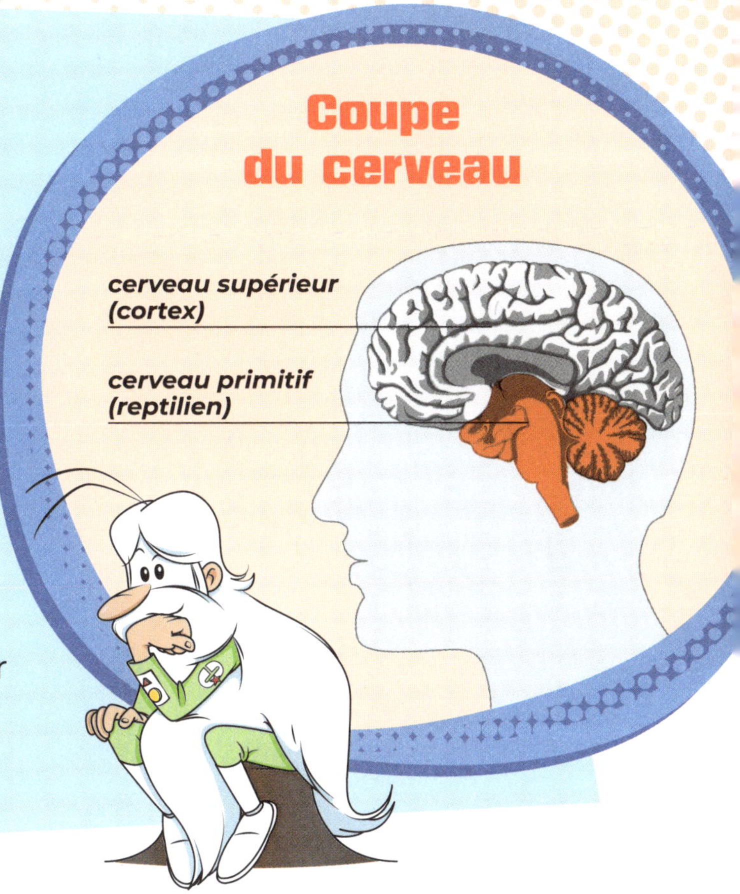

La respiration sous contrôle

Chez l'espèce humaine, on peut empêcher – dans certaines limites – la respiration de fonctionner automatiquement, en faisant intervenir le cerveau supérieur, très développé chez l'Homme. Ainsi, on peut arrêter sa respiration : c'est **l'apnée** ou au contraire respirer très lentement et très profondément comme dans le yoga, ce qui favorise la relaxation et un meilleur sommeil.

Apnée : interruption volontaire ou non de la respiration, l'apnée volontaire est très utilisée en plongée pour permettre de descendre sous l'eau sans bouteille de gaz (voir p. 32, respirer sous l'eau).

LES ALVÉOLES PULMONAIRES

En respirant profondément, l'air va déplier les milliers de petits sacs appelés **alvéoles pulmonaires**. Dans leurs parois, on voit des vaisseaux sanguins, aussi petits que des cheveux – les capillaires –, vers lesquels notre molécule va essayer de se frayer un passage.

Le CO_2 traverse la parois en sens inverse : du sang vers les alvéoles puis vers les bronches et l'air ambiant. L'oxygène continue son périple vers le sang où l'attend son magnifique carrosse. Et quel carrosse, mamma mia !

Les échanges de gaz dans les alvéoles

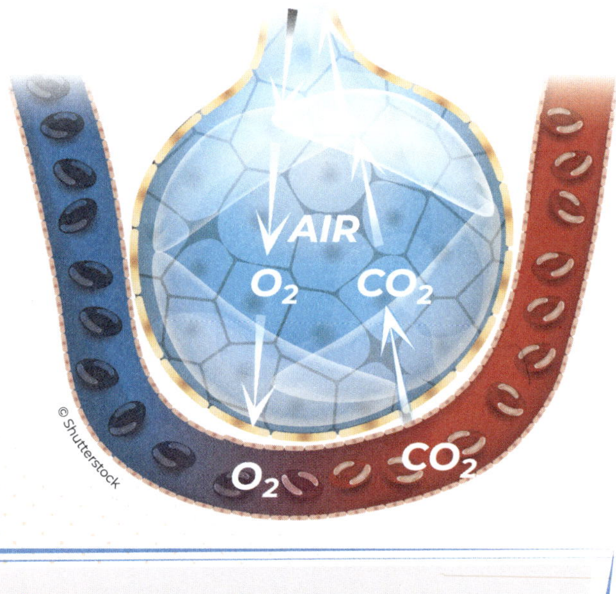

Alvéoles pulmonaires : sacs microscopiques du tissu pulmonaire situés à l'extrémité des plus petites bronches (bronchioles) et entourés de vaisseaux très fins appelés capillaires.

Le transporteur

Il était une fois un magnifique carrosse enveloppé dans des cellules toutes rouges elles aussi (les globules rouges) parce qu'elles contiennent des sièges confortables et parfaitement adaptés à l'oxygène : la fameuse **hémoglobine**. Et hop ! comme dans un wagon qui ralentit un peu, l'oxygène saute sur l'hémoglobine pour être entraîné rapidement dans le courant sanguin. Grâce au cœur, ce flux qui contient également les nutriments est distribué à tous nos organes. L'oxygène qui donne sa couleur rouge vif au sang venant des poumons va permettre à toutes nos cellules de fonctionner. Une fois arrivé dans les organes où le besoin d'oxygène se fait sentir, c'est ce besoin même – baisse de la pression locale – qui fait que la molécule quitte le carrosse.

Les globules rouges et l'hémoglobine

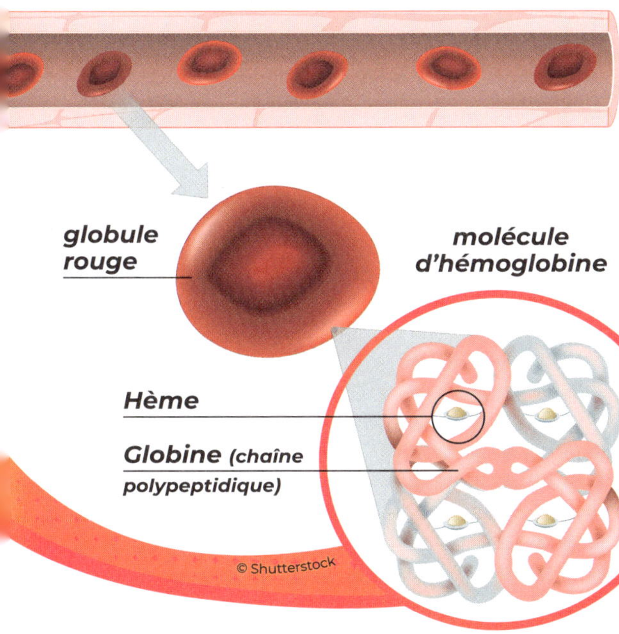

Hémoglobine : élément coloré du sang contenu dans les globules rouges, capable de fixer l'oxygène pour le transporter des poumons vers les organes. L'hémoglobine transporte également le CO_2 en sens inverse, des organes vers les poumons, pour le rejeter dans l'air extérieur.

L'HÉMOGLOBINE

C'est donc notre grand transporteur d'oxygène qui file dans la circulation sanguine grâce aux battements du cœur, muscle puissant. L'oxygène s'est frayé un passage dans les parois des alvéoles pulmonaires et a sauté sur le camion hémoglobine grâce à un ralentissement bienvenu du sang.

Le sang oxygéné, toujours d'un rouge très vif, va maintenant faire un grand tour pour aller dans tous nos organes (foie, rein, intestin, peau, etc.) et leur amener en même temps les nutriments issus de la digestion.

Certains animaux ont une hémoglobine plus performante que la nôtre pour se charger d'oxygène et le transporter.

C'est le cas du dauphin (voir p. 34), mais le grand champion est un petit ver des sables de nos plages atlantiques appelé Arenicola. Son hémoglobine peut charger et transporter 40 fois plus d'oxygène que la nôtre.

Les voyageurs

L'oxygène est vital et si nous en manquons (c'est l'**hypoxie**) nous ne pourrons survivre que quelques minutes sans intervention médicale. Il est donc important de pouvoir mesurer l'oxygénation du sang d'un patient. Aujourd'hui, plus besoin de prélever du sang, on peut suivre en continu l'oxygène lié à l'hémoglobine grâce à un tout petit appareil : l'**oxymètre** fixé au bout d'un doigt.

Arrivé dans les organes, autres gares fluviales, le sang va ralentir comme il l'a fait au niveau des poumons. Et là, nouveau petit miracle de l'hémoglobine : les tissus des organes sont si avides d'oxygène que celui-ci va quitter rapidement son beau carrosse. Comme Cendrillon, après ce beau voyage insouciant, il va devoir se mettre au travail dans les cellules pour brûler les nutriments et fournir de l'énergie. Sur l'hémoglobine, il laisse la place au CO_2, rejeté par cette usine de production énergétique, transporté jusqu'aux poumons puis expulsé dans l'air ambiant.

Hypoxie : diminution de la quantité d'oxygène dans les organes. On réserve le terme d'hypoxémie à la diminution de la quantité d'oxygène dans le sang.

© Shutterstock

Arenicola : petit ver des sables (servant d'appât aux pêcheurs) des côtes atlantiques qui, à cause des marées montantes, se trouve pendant 6 heures sans oxygène. Il a développé depuis plusieurs millions d'années une hémoglobine très performante pour survivre.

Oxymètre : petit appareil utilisé pour la surveillance des malades qui permet de mesurer l'oxygénation du sang.

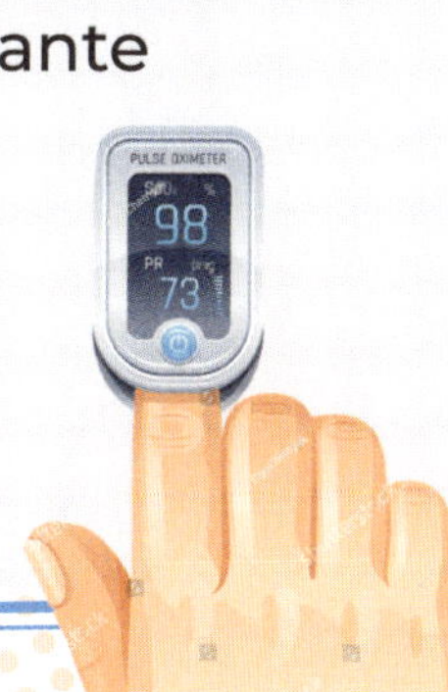

© Shutterstock

LES ORGANES ET LES CELLULES

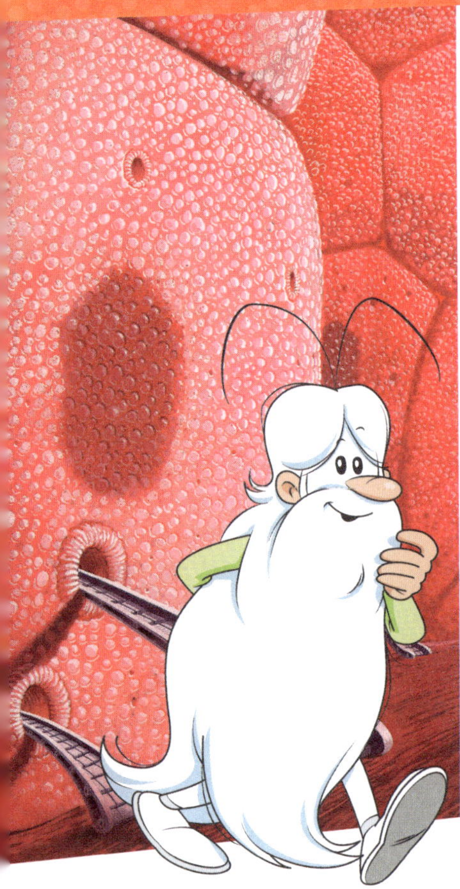

Tous nos organes sont constitués de petites cellules, réunies en « tissus » que l'on peut voir seulement avec de puissants microscopes. Le sang va leur apporter de l'oxygène et des nutriments (issus de la digestion), à travers de tout petits vaisseaux qui ressemblent à ceux du poumon appelés aussi des capillaires car ils sont aussi fins que des cheveux.

Les cellules sont protégées par une membrane, qui, suivant les organes, laisse passer différentes molécules, dans un sens ou dans l'autre. Mais toutes les cellules vont laisser passer trois molécules vitales : l'eau, l'oxygène et le CO_2 dont les interactions permettent la production d'énergie, c'est-à-dire la vie même.

Les cellules : usines à énergie

Sans eau, les cellules se déshydratent comme une plante qu'on oublie d'arroser et meurent... Sans oxygène, elles meurent aussi car c'est lui qui, combiné aux nutriments comme le **glucose**, va fournir l'énergie. Mais cette réaction produit du CO_2 qui doit absolument être évacué : celui-ci diffuse vers le sang où il va prendre la place de l'oxygène pour chevaucher l'hémoglobine et faire le grand retour vers l'extérieur. Si le CO_2 n'était pas évacué, il s'accumulerait par combinaison à l'eau, sous forme d'acide carbonique toxique (comme celui qu'on trouve dans les pluies acides d'un environnement pollué par des gaz industriels).

Finalement, le CO_2 va servir aux plantes qui fonctionnent en sens inverse et rejettent le précieux oxygène.

Toutes ces réactions énergétiques se produisent en un lieu particulier des cellules : les mitochondries, petites structures allongées, véritables usines énergétiques qui brûlent les nutriments en absorbant l'oxygène et en rejetant le CO_2.

La cellule humaine

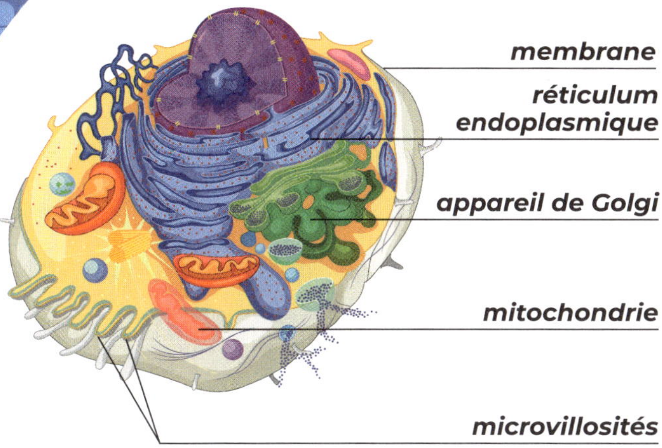

La mitochondrie

Les cellules contiennent beaucoup d'autres particules qui permettent de fabriquer par exemple des **anticorps** ou d'éliminer des déchets. N'oublions pas que les globules rouges et les globules blancs contenus dans le sang sont des cellules avec des fonctions bien particulières de transport (globules rouges) ou de défense (globules blancs).

Glucose : substance produite dans les plantes par la photosynthèse et un des composants principaux de l'alimentation.

Anticorps : substance fabriquée par les cellules de défense contre les microbes et capable de se fixer sur leur partie nocive.

LE GRAND RETOUR VERS LE POUMON

Au sortir des cellules, le sang délesté d'une partie de son oxygène et chargé de CO_2 devient alors plus foncé. Il est représenté en « bleu » : c'est le sang veineux. Le CO_2, lié à l'hémoglobine à la place de l'oxygène, va donc refaire tout le voyage en sens inverse, c'est le « retour veineux » vers le cœur, puis les poumons pour être expiré par la bouche.

Sang « bleu » et sang « rouge »

La boucle, comme un grand huit, est bouclée, c'est le mouvement perpétuel. Bien qu'enfermé, le sang circule bien à chaque battement de notre cœur.

Au centre du « grand 8 », on voit le cœur en deux parties : le cœur gauche et le cœur droit. Ils sont joints l'un à l'autre et battent en même temps, mais ils sont totalement séparés par une paroi étanche évitant de mélanger sang « bleu » au sang « rouge ».

Repassons rapidement une dernière fois le film du grand voyage : l'oxygène qui sort des poumons chevauche l'hémoglobine dans les tout petits capillaires, arrive au cœur gauche pour être propulsé avec force dans tous les organes.

Dans les organes, à nouveau, le sang passe par les petits capillaires des tissus : l'oxygène se dépose dans les cellules et le CO_2 prend sa place dans le sang qui devient foncé et remonte vers le cœur droit. Le cœur droit le propulse vers les poumons qui rejettent le CO_2 et reprennent de l'oxygène dans l'air. Le cycle se poursuit tout au long de la vie.

La circulation sanguine

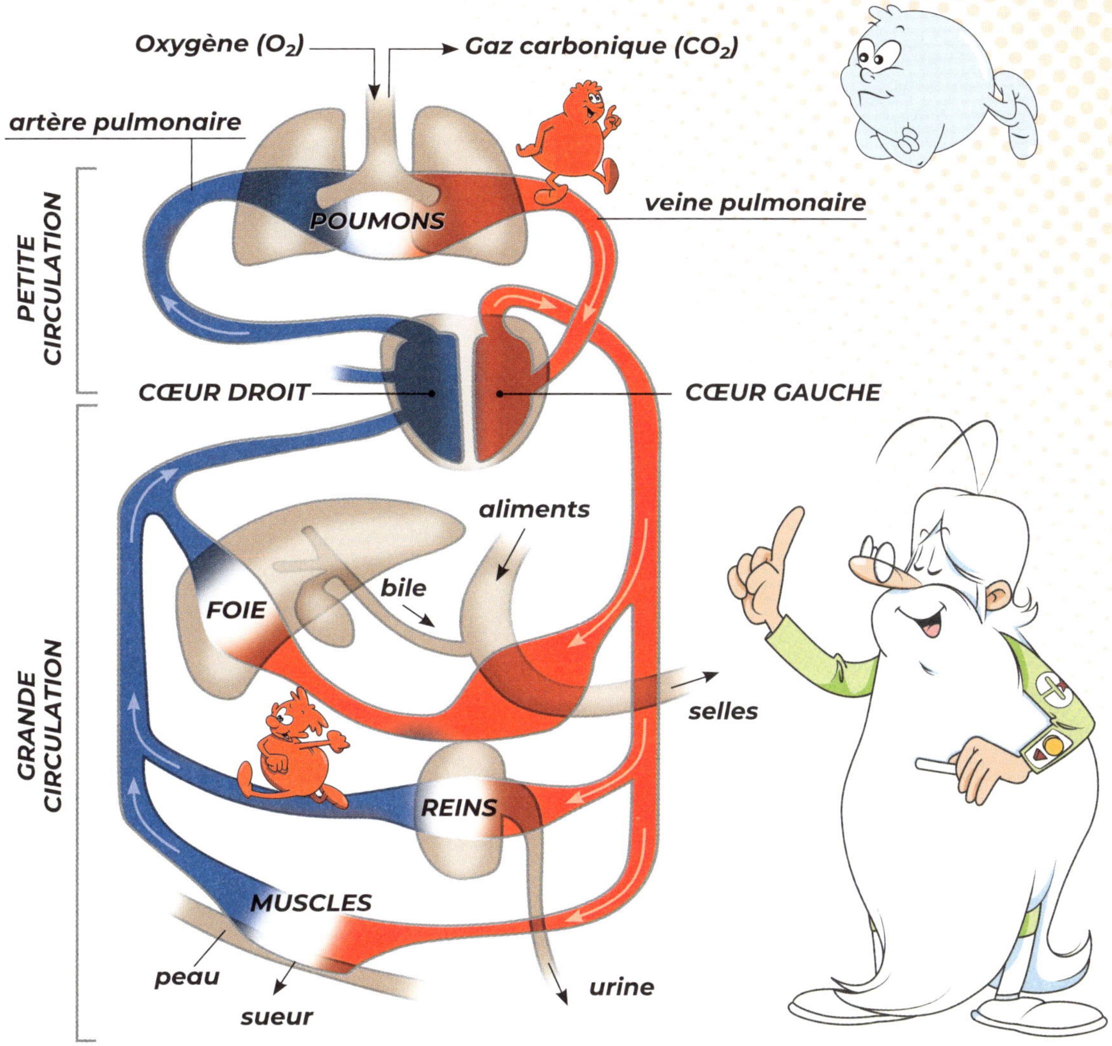

Remarquez que le cœur gauche est représenté à droite comme quand on regarde quelqu'un en face ou comme on le voit quand une personne passe derrière un appareil de **radiologie**.

Radiologie : technique qui, à partir de rayons X, permet d'obtenir une image projetée d'une zone anatomique explorée. Elle a été utilisée pour la première fois par Marie Curie sur les champs de bataille de la guerre 14-18.

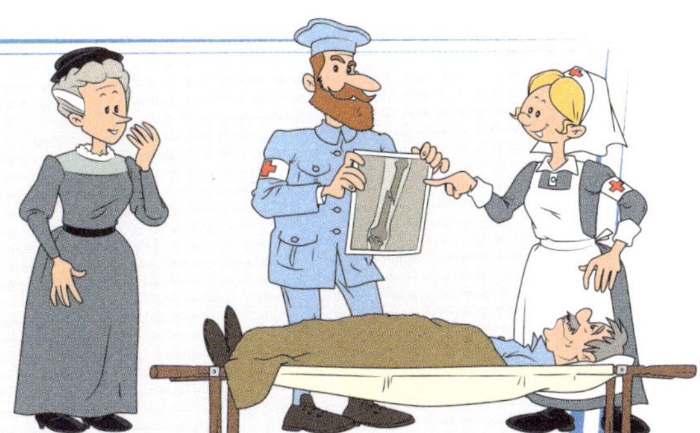

LA CONSOMMATION D'OXYGÈNE MAXIMALE (VO_2 MAX)

Tout ce grand voyage de l'oxygène sert au niveau cellulaire dans tous nos organes pour brûler les nutriments issus de notre digestion et fournir de l'énergie. Les organes qui fournissent le plus d'énergie, donc consomment le plus d'oxygène, sont nos muscles surtout à l'exercice.

Un indicateur pour les sportifs…

Un exercice maximal va nous faire mobiliser de grandes quantités d'oxygène, exprimées en litres d'oxygène consommé par minute.

Toutes les structures concernées par le transport de cet oxygène vers les usines cellulaires seront sollicitées : les poumons, le cœur, la circulation, l'hémoglobine, les cellules elles-mêmes. Chaque structure va améliorer ses performances. Pour chacun d'entre nous, cette capacité à transporter et à utiliser de grandes quantités d'oxygène dépend beaucoup de l'entraînement sportif qui va améliorer chacune des étapes. C'est pourquoi on pratique cette mesure chez les sportifs : elle permet de mesurer les progrès et d'aider à prévoir les performances sportives.

À l'inverse, après une immobilisation pour blessure ou fracture, la VO_2 max va baisser et il faudra un nouvel entraînement pour retrouver un niveau digne des compétitions.

… et pour les malades

La consommation d'oxygène maximale représente le niveau général de la « forme physique » d'une personne. Elle peut se mesurer par course sur tapis roulant ou sur un vélo fixe spécifiquement équipé. Mais pas seulement chez les sportifs. On mesure également la VO_2 max chez des malades candidats à une greffe de poumon ou de cœur, à des niveaux d'exercice très modestes. La même mesure est pratiquée après la convalescence pour suivre les progrès des patients.

Autre pratique originale : les chevaux de course sont de grands sportifs et leur forme physique est l'objet de toutes les sollicitations avec des mesures régulières de VO_2 max sur tapis roulant.

INSUFFISANCES RESPIRATOIRES

On appelle « hypoxie » le manque d'oxygène. Les poumons, commandés par le cerveau, vont être automatiquement forcés à inspirer davantage d'air pour compenser ce manque.

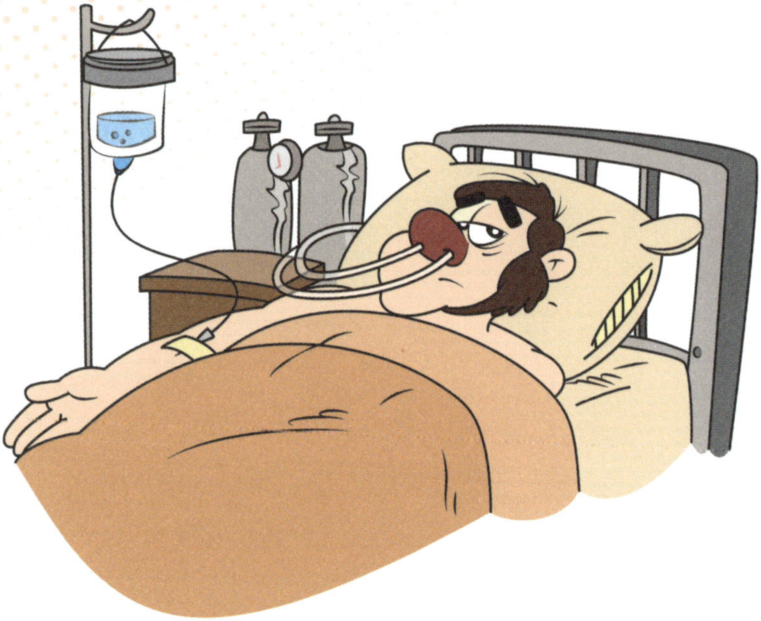

La première cause d'hypoxie et la plus fréquente est une maladie du poumon lui-même : asthme, infection ou mauvais état de la paroi des alvéoles. Le transfert de l'oxygène vers le sang va être difficile et le beau carrosse ralentira en vain au passage devant le poumon : l'hémoglobine repartira à vide ou pire encore chargée de CO_2.

Que faire ?

On soignera la cause de la maladie bien sûr avec des médicaments adaptés. Mais l'hypoxie est une urgence ! Si les muscles respiratoires sont encore capables d'assurer leur fonction pour gonfler les poumons, on administrera de l'oxygène contenu dans de grosses bouteilles de gaz sous pression : c'est l'**oxygénothérapie**.

La respiration artificielle

Dans les cas graves, il faudra mettre le patient en communication avec une machine qui va pousser l'air dans les poumons : c'est la respiration artificielle. Cette machine est indispensable quand les muscles respiratoires sont fatigués, quand le sang reste mal oxygéné, et surtout quand le CO_2 n'arrive plus à être éliminé. Cette méthode est née en 1920 lors d'une grande épidémie de poliomyélite. Cette maladie contagieuse a disparu définitivement grâce à la découverte d'un vaccin antipolio. Le virus responsable détruisait les nerfs qui commandent les muscles. D'où une **paralysie** plus ou moins étendue touchant les jambes, parfois les bras et quelquefois, plus grave, les muscles respiratoires.

Le poumon d'acier utilisé contre la poliomyélite dans les années 1950.

Oxygénothérapie : administration un tout petit tuyau souple dans le nez ou à travers un masque plus étanche.

Paralysie : état des muscles qui ne peuvent plus bouger et sont « tout mous » comme pendant le sommeil. Il existe différentes maladies qui peuvent provoquer une paralysie des bras ou des jambes plus ou moins étendue. La poliomyélite est un exemple de maladie vaincue par la recherche sur les vaccins.

LES DANGERS DU MONOXYDE DE CARBONE

Il arrive que l'oxygène venant du poumon cherche à trouver une place sur la molécule d'hémoglobine mais… plus aucune place n'est disponible. La place est occupée par une autre petite molécule, l'**oxyde de carbone (CO)**, particulièrement toxique qui peut se trouver accidentellement dans l'air.

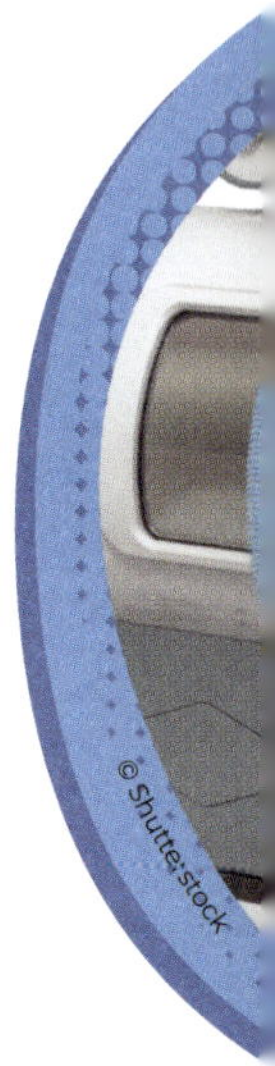

Le CO passe très bien dans les poumons et à travers les parois des alvéoles pulmonaires, traverse le globule rouge et s'arrime fortement à la place de l'oxygène.

Cela peut arriver dans le cas de production accidentelle de CO dans l'air d'un espace clos. Par exemple, un appareil de chauffage (chauffe-eau ou poêle) mal réglé ou un moteur de voiture lors de la traversée d'un long tunnel avec un énorme embouteillage.

Donc, bien que les poumons fonctionnent parfaitement, l'oxygène ne peut plus être transporté par le sang et donc les organes et les cellules seront, là encore, en manque d'oxygène (hypoxie) : c'est l'intoxication **aiguë** au CO. Il y a bien un peu d'oxygène dissous dans le sang mais c'est bien insuffisant pour nous (il nous faudrait des branchies comme les poissons !). Les bouteilles d'oxygène utilisées dans d'autres maladies ne donnent pas une pression suffisante pour déplacer le CO de son confortable siège capitonné.

Chasser l'intrus

Pousser le CO avec une très forte pression : ce sera le rôle du « caisson hyperbare », sorte de grande boîte où on glisse le patient et où la pression peut être très augmentée artificiellement. Le CO est alors déplacé et l'oxygène peut reprendre sa place, ainsi que le CO_2. Mais le CO peut être beaucoup plus sournois et s'insinuer petit à petit dans les globules, à des doses plus faibles : l'intoxication, moins spectaculaire, est dite « **chronique** ». C'est le cas chez les fumeurs : en plus des goudrons qui se déposent dans les poumons, la fumée contient aussi du CO. La meilleure solution est l'arrêt du tabac.

Dans les deux formes d'intoxication, on aura des difficultés à respirer, car le manque d'oxygène au niveau des tissus provoque une réaction qui commande aux poumons de respirer davantage pour compenser l'hypoxie des tissus. Chez les fumeurs où l'intoxication est moins importante, ces signes apparaîtront surtout à l'exercice où les besoins en oxygène sont augmentés.

Oxyde de carbone (CO) : ou monoxyde de carbone. Gaz très toxique, voire mortel, à ne pas confondre avec le CO_2 (dioxyde de carbone), qui est normalement rejeté dans l'air par la respiration de l'Homme et des animaux.

Aiguë : une maladie est dite « aiguë » quand elle évolue rapidement.

Chronique : une maladie est dite « chronique » si elle évolue lentement ou se prolonge dans le temps.

BIEN RESPIRER POUR BIEN COURIR

L'exercice physique : voilà une activité où, bien souvent, on est vite essoufflé. Pourtant, en apprenant à mieux respirer, tout sera plus confortable et surtout plus efficace.

Au cours de l'exercice, les **fibres musculaires** consomment beaucoup plus d'énergie à partir des **nutriments** et de l'oxygène qui les « brûle ». Cela produit du CO_2 qui est entraîné par la circulation puis par les poumons vers l'extérieur.

La mise en route

Pour s'adapter à ces nouveaux besoins de transport d'oxygène et de CO_2, poumons et cœur vont devoir travailler à plein régime. Le cœur va battre plus vite et se contracter beaucoup plus fort. L'adaptation du cœur se fait automatiquement sans qu'on puisse la modifier. Cependant, plus on s'entraîne souvent et plus le cœur se renforce, diminue son nombre de battements par minute pour un même effort. En battant ainsi moins vite pour un même effort, il a le temps de se remplir de sang bien rouge sortant des poumons pour mieux expulser ensuite ce sang vers les muscles.

Pour la respiration, il y a aussi une adaptation automatique : le poumon va accélérer le battement de ses ailes dès le début de l'exercice, mais ensuite pas toujours de façon optimale et il va falloir l'aider pour mieux faire. C'est super, car on peut modifier volontairement sa respiration !

L'entretien

Le rythme automatique est souvent trop rapide, empêchant les poumons de bien se remplir : il faut donc penser à respirer lentement avec de grands mouvements respiratoires pour déplier tous les petits sacs alvéolaires. Par exemple en montant un escalier, il faut dès le début penser à sa respiration. Pour cela, répartir les charges dans les deux mains ou dans un sac à dos, bien dégager les épaules et le cou pour que l'air passe bien dans les bronches. Ne pas se laisser entraîner dans la respiration automatique qui a tendance à suivre le rythme des pas, mais au contraire prendre de grandes respirations bien profondes. Ne pas parler, car cela ralentit l'expiration de l'air : les cordes vocales en se rapprochant pour vibrer gênent la respiration alors que tout le souffle est nécessaire à l'oxygénation des muscles. Vous serez beaucoup moins fatigué avec un corps mieux oxygéné.

Fibres musculaires : cellules des muscles qui sont très allongées et rouges.

Nutriments : forme chimique simple des aliments (glucose par exemple). Ces formes naturelles ou résultant de la digestion sont facilement transportées par le sang et utilisées par les muscles ou d'autres organes.

UNE MALADIE RESPIRATOIRE : L'ASTHME

Molière, il y a trois siècles, rendait le poumon responsable de toutes les maladies. Il se moquait des médecins de l'époque qui en effet étaient démunis tant pour les diagnostics que pour les traitements.

C'est une servante déguisée en médecin qui questionne son maître, le fameux « Malade imaginaire », sur le diagnostic de son médecin : « Il dit que c'est du foie, et d'autres disent que c'est de la rate ». Réponse du faux médecin : « Ce sont tous des ignorants. C'est du poumon que vous êtes malade… … Le poumon, le poumon, vous dis-je. »

La respiration est si naturelle, facile et simple quand tout va bien, que nous n'y pensons pas. Mais quand, par exemple, les petites bronches réagissent à la pollution ou à certaines plantes, la respiration devient difficile, les poumons se vident plus lentement. L'entrée de l'air sera difficile aussi : c'est la crise d'**asthme**.

Asthme : obstruction des petites bronches

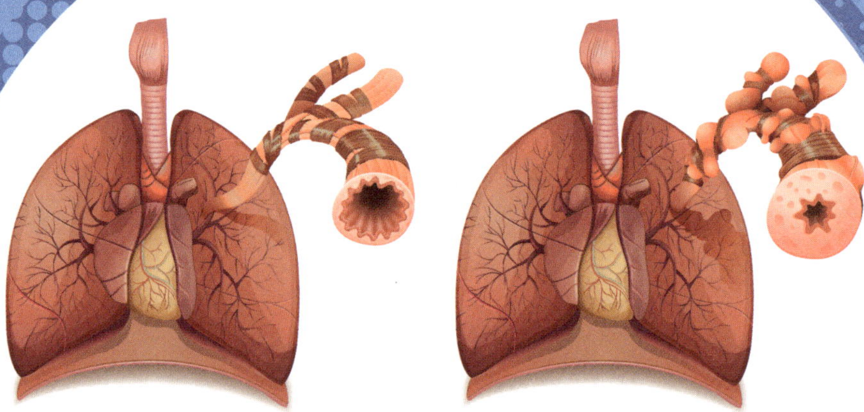

Bronche normale ***Bronche obstruée***

Comment lutter

C'est une maladie de l'enfance, souvent en cas d'accouchement prématuré, car au fur et à mesure que les bronches grossissent, la maladie a tendance à s'atténuer. Les séjours en **cures thermales** sont souvent bénéfiques.

Il ne faut pas oublier l'importance de la pollution sur cette maladie dont on pourrait largement diminuer l'impact en améliorant la qualité de l'air. Par exemple, les particules fines issues des moteurs diesels entrent jusque dans les petites bronches, et c'est d'autant plus important que les enfants respirent plus près des moteurs que les adultes. De plus, au printemps, les **pollens** se fixent sur ces particules diesels.

Asthme : maladie des voies respiratoires qui se traduit par des crises soudaines de gêne respiratoire due au rétrécissement des petites bronches.

Cures thermales : soins utilisant des eaux (chaudes ou froides) de composition spéciale issues de sources dans certaines localités (stations thermales) pour diverses maladies, dont les maladies respiratoires de l'enfant.

Pollens : poudre que forment les grains microscopiques des étamines des fleurs, très présents au printemps.

RESPIRATION ET LANGAGE PARLÉ

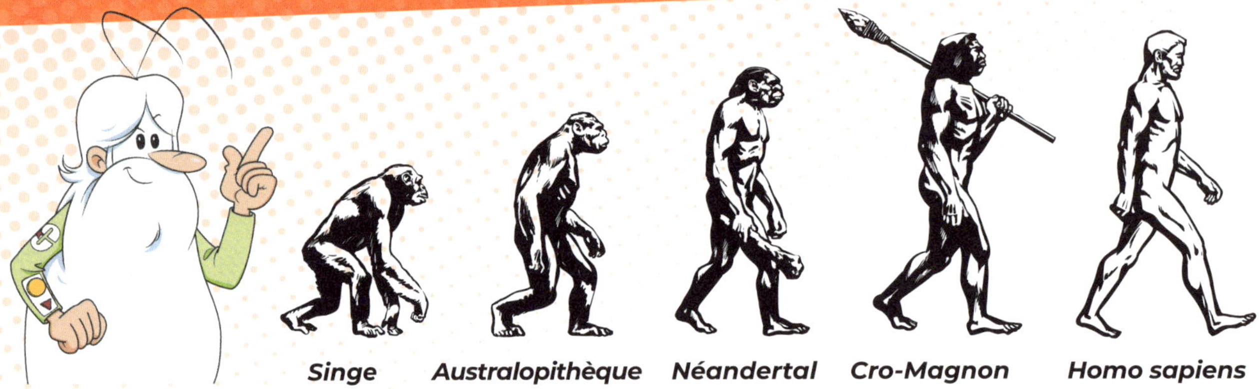

Il était une fois, il y a plusieurs millions d'années, un animal à quatre pattes qui, un jour, a décidé de se tenir debout. La station debout libérant la main allait développer son savoir-faire et par là son cerveau: c'est pourquoi on l'appelle l'Homo sapiens. Il y a quelque 100 000 ans apparaît le langage parlé qui se superpose au **langage non verbal**. Des changements génétiques ont modifié le cerveau en même temps que la mâchoire qui s'est aplatie et surtout la gorge ou pharynx, qui ont dû s'adapter à cette révolution.

En effet, on peut tous remarquer que l'on **parle pendant l'expiration**, donc quand le poumon se dégonfle pour expulser l'air à travers les cordes vocales. Le langage parlé a donc dû se frayer un chemin au niveau du pharynx où se croisent les voies respiratoires et les voies digestives. On sait qu'il ne faut pas parler en mangeant, car le risque de faire passer les aliments dans les bronches et de s'étouffer est bien réel.

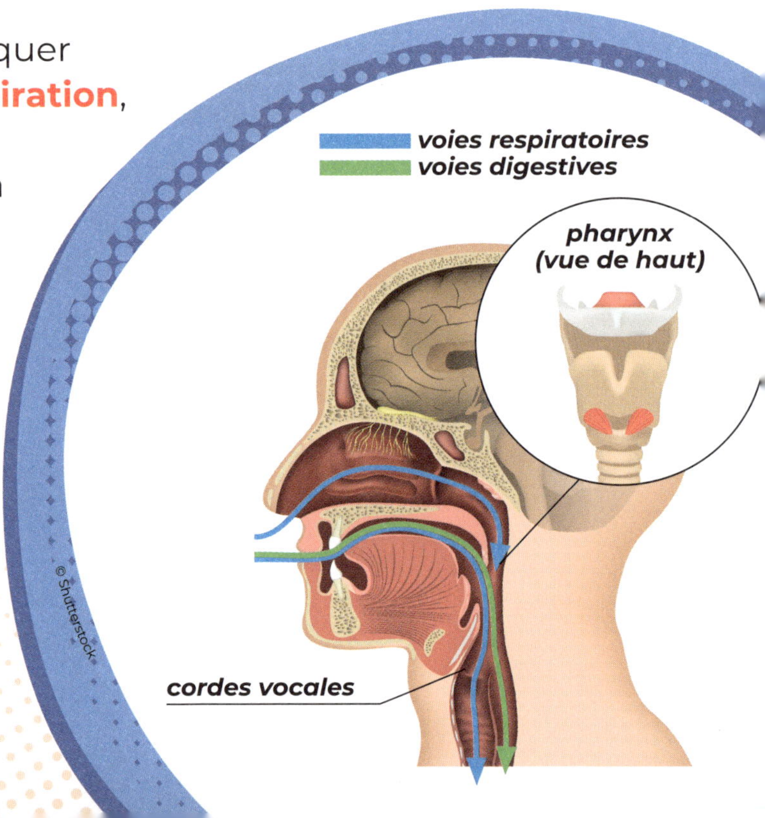

Le pharynx

Cette évolution majeure s'est faite grâce à des changements d'anatomie dans le cou au niveau du **pharynx**. L'humain adulte y a perdu un petit avantage par rapport à l'animal. Par exemple : un cheval assoiffé arrivant à son abreuvoir va boire sans s'arrêter jusqu'à étancher toute sa soif sans pour autant s'arrêter de respirer par les naseaux. En revanche, chez l'homme adulte, la respiration s'arrête automatiquement quand il boit.

Un nouveau-né, lui, peut boire son biberon d'un seul coup s'il est gourmand tout en respirant par le nez car son anatomie n'est pas encore prête au langage parlé. Petit à petit, les choses se préparent au niveau du pharynx pour suivre l'avancée du cerveau, qui depuis la naissance engrange les mots qu'il entend de sa mère et son père. Mais à partir du moment où le bébé est en âge de parler, l'anatomie du pharynx change et la respiration se bloque automatiquement quand il boit ou mange.

Langage non verbal : communication par signes ou attitudes. C'est le langage des sourds-muets, mais aussi le langage des animaux ou des bébés, par opposition au langage parlé.

Pharynx : conduit situé au niveau du cou qui s'ouvre en haut sur la bouche et les narines, et en bas sur les voies respiratoires et digestives.

Parler pendant l'expiration : en effet, on parle en soufflant l'air des poumons vers l'extérieur à travers les cordes vocales situées au niveau du cou.

RESPIRER SOUS L'EAU

Le plus simple pour respirer sous l'eau et jouer les sous-marins est justement de ne pas respirer : c'est l'apnée. Cette méthode est connue depuis au moins 3000 ans av. J.-C.

Des recherches archéologiques ont montré que les pêcheurs de perles du Golfe persique utilisaient cette méthode transmise oralement au cours des siècles. Ils se bouchaient ou se pinçaient le nez, les deux pieds sur une pierre de 25 kg reliée à un bateau par une corde que manipulait un assistant. En bas, ils s'asseyaient et ramassaient les huîtres perlières jusqu'à ce que, manquant d'oxygène, ils se faisaient remonter. Cela nécessite un apprentissage. On sait maintenant de quoi il s'agit : plus on descend et plus la **pression** exercée par l'eau est forte dans l'oreille et risque d'abîmer le **tympan**. Il faut donc à la descente faire de temps en temps une manœuvre d'**équilibrage des pressions**. Aujourd'hui, on apprend tout cela dans les clubs de plongée en apnée.

© Shutterstock

La plongée autonome

Pour pouvoir descendre plus profondément, on plonge avec une bouteille d'air comprimé. Cet air contient beaucoup d'oxygène et de l'azote. L'azote entre et sort normalement des alvéoles pulmonaires : il ne passe pas à travers les parois des alvéoles. Mais en plongée, du fait de la pression dans les alvéoles pulmonaires, l'azote sera « poussé »

à travers les parois des alvéoles vers le sang. L'azote se dissout dans le sang, mais attention à la remontée !

Si elle est trop rapide, la baisse de pression trop brusque vers la surface va provoquer des bulles comme dans une bouteille de soda dès qu'on l'ouvre. Et ces bulles peuvent boucher des vaisseaux : c'est l'accident de décompression. Les plongeurs professionnels de corail, par exemple en mer Méditerranée, ont sur leur bateau un caisson hyperbare qui permet au corps de se remettre de la haute pression qui existait sous l'eau. L'azote se dissout à nouveau et, en remontant par **paliers**, il est éliminé par les poumons. En club de plongée, on apprend à remonter par paliers, pour rester en sécurité, et à s'exprimer par signes. Pour certaines plongées professionnelles (poseurs de câbles sous-marins, construction de plateformes pétrolières), on utilise des mélanges de gaz plus compliqués et plus coûteux, mais qui facilitent les mouvements des poumons.

Pression : force avec laquelle un liquide ou un gaz « pousse » sur une surface ou une membrane comme le tympan.

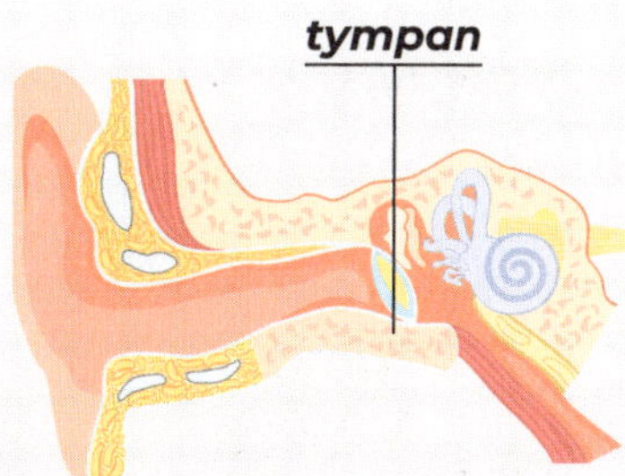

Tympan : membrane qui se trouve au fond du conduit auditif et qui transmet les sons grâce aux vibrations de l'air.

Paliers de décompression : remontée progressive après plongée en plusieurs temps pour éviter la formation de bulles d'azote qui pourraient boucher les vaisseaux.

Équilibrage des pressions : manœuvre qui consiste à avaler sa salive en se pinçant le nez bouche fermée. On la pratique également en avion au moment de la descente.

DAUPHINS ET BALEINES

Ces animaux sont des **mammifères** : bien que vivant dans l'eau, ils prennent comme nous leur oxygène dans l'air grâce à leurs poumons. Pour cela, ils doivent remonter hors de l'eau pour respirer et plonger en apnée.

Nos amis les dauphins

Pour les dauphins comme pour nous, c'est le cerveau qui commande le remplissage des poumons grâce à des muscles respiratoires. Ses narines sont un seul orifice appelé « évent ». Lors du gonflement des poumons, un grand volume est inspiré : le rythme respiratoire est très bas, soit une à deux inspirations par minute. L'évent se ferme quand le dauphin replonge. Notons aussi que le dauphin ne respire donc pas par la bouche, celle-ci ne lui sert qu'à manger, le circuit digestif est indépendant du circuit respiratoire : donc pas de risque d'avaler de travers.

Ensuite, côté sang et hémoglobine, il est très bien pourvu : davantage de sang, plus de globules rouges et une hémoglobine qui transporte beaucoup plus d'oxygène que la nôtre. Le dauphin a des réserves d'oxygène importantes contenues dans de fins réseaux artériels dits « admirables » et aussi une forme de stockage de l'oxygène dans une molécule située dans les muscles ou **myoglobine**, avantages que nous n'avons pas ou peu. De plus, évoluant dans l'eau, son corps dépense moins d'énergie et peut consommer très peu d'oxygène au repos malgré sa taille.

LE SAVAIS-TU ?

Le dauphin ne dort qu'à moitié, pas trop loin de la surface, penché sur un côté. Toutes les 20 minutes environ, il change de côté et à chaque fois une moitié du cerveau reste éveillée, pour gérer la respiration et la nage.

La baleine spectacle

La baleine plonge aussi en apnée et remonte à la surface pour respirer. Une à deux secondes suffisent pour remplir ses poumons, l'expiration est très spectaculaire : elle se fait par un ou deux évents et crée un « souffle » qui ressemble à un geyser. De très grandes réserves d'oxygène sont contenues dans la myoglobine des muscles, ce qui permet à la baleine de faire des promenades sous-marines jusqu'à 50 minutes en apnée !

Mammifères : classe d'animaux pourvus de mamelles (pour nourrir leurs petits) et qui mettent au monde leurs petits vivants alors que d'autres animaux pondent des œufs. Très nombreux sur la planète, ils sont présents sur la terre, dans la mer (dauphins, baleines...), et dans les airs (chauve-souris, écureuils volants...).

Myoglobine : constituant coloré des muscles dont la structure ressemble à l'hémoglobine et qui permet le stockage de l'oxygène (surtout chez les grands mammifères marins).

LA RESPIRATION DES AUTRES ANIMAUX MARINS

Les poissons, les méduses, les étoiles de mer, n'ont pas la chance d'avoir d'hémoglobine ou de myoglobine comme les mammifères pour fixer et transporter l'oxygène rapidement.

Ces animaux marins étaient sur la planète avant nous et sont plus simples dans leur fonctionnement. Ils utilisent l'oxygène dissous dans l'eau, celui des océans, mais aussi des rivières et des lacs. Cette méthode est moins rapide car elle utilise la simple diffusion des molécules. Ça a marché pendant des millions d'années, et... ça marche encore !

Méduses, étoiles de mer et oursins

Les méduses sous leur cloche ont une seule cavité qui sert à la fois à la digestion et à la reproduction, le tout baignant dans une sorte de gelée où sont dissous l'oxygène et le CO_2. Les méduses n'ont pas d'organes gros consommateurs d'oxygène et se contentent donc de peu. Elles ont peut-être dû leur survie pendant des millions d'années à leur incroyable capacité à se défendre qui laisse, trop souvent, de douloureuses traces aux baigneurs.

De même, les étoiles de mer et les oursins absorbent l'oxygène lorsque l'eau passe sur la surface de leur corps.

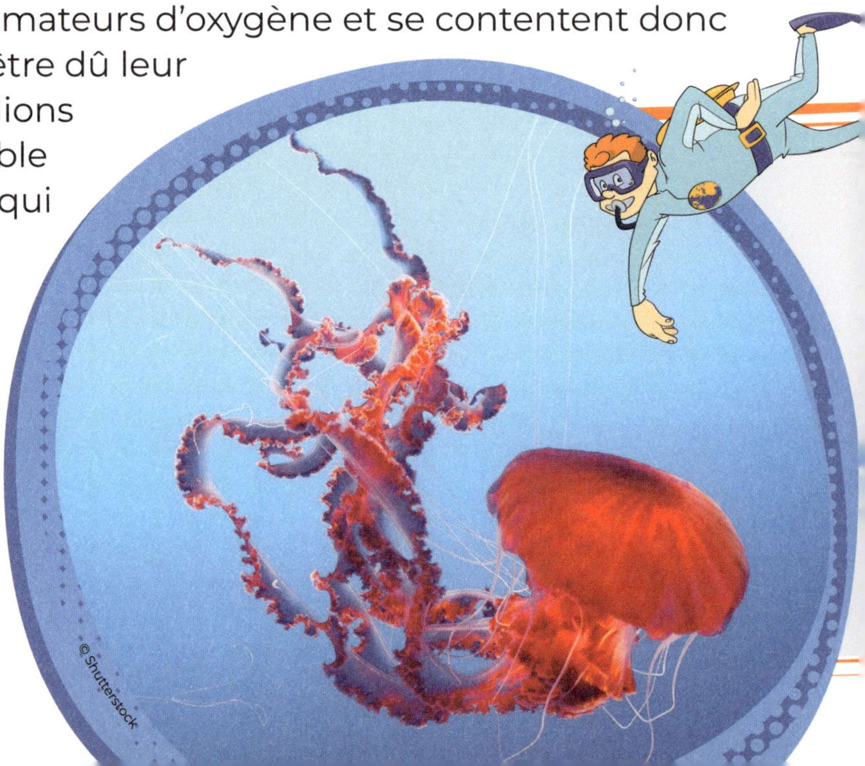

Les poissons

Les poissons ont proliféré en milliers d'espèces grâce à un système respiratoire beaucoup plus élaboré, les branchies, qui permet de mieux extraire l'oxygène dissous dans l'eau. L'eau passe de la bouche du poisson vers les opercules droit et gauche par lesquels elle ressort. Entre-temps, elle est ralentie au niveau de deux lames formées de filaments de vaisseaux. Chaque filament reçoit du sang artériel et rejette du sang veineux grâce à une merveilleuse disposition en lamelles branchiales entre lesquelles passe l'eau : c'est un véritable réseau de vaisseaux capillaires semblable à celui de nos poumons. Tout cela correspond à une surface d'échanges démultipliée des millions de fois. De plus, l'eau est très ralentie dans ces multiples circuits donnant du temps à ces échanges. Grâce à ces extraordinaires dentelles rouges, les poissons peuvent donc consommer beaucoup d'oxygène et développer des muscles qui les rendent très agiles pour échapper aux prédateurs.

Les méduses, oursins et étoiles de mer n'ont pas un aspect symétrique avec un côté droit et un côté gauche comme la plupart des animaux, mais une anatomie en étoile.

La respiration des poissons

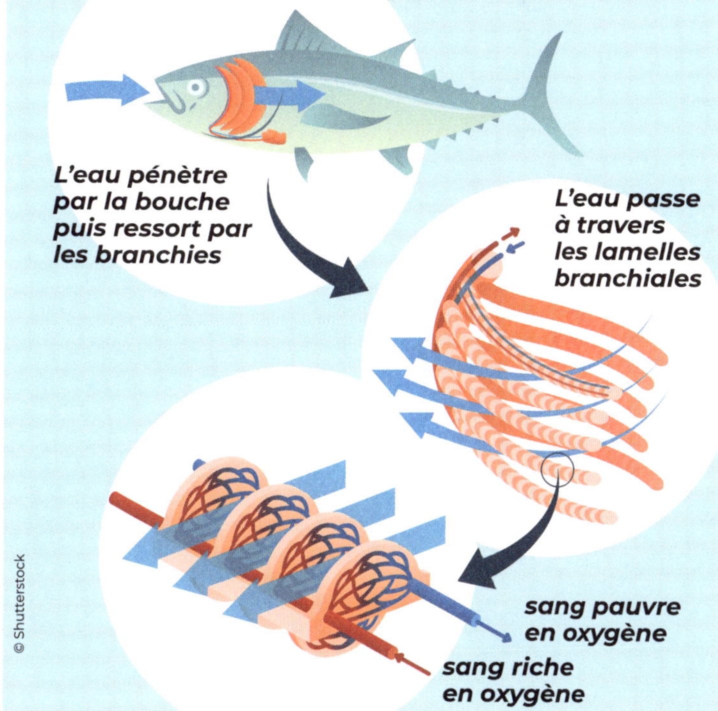

RESPIRER EN ALTITUDE

© Shutterstock

À l'inverse de la plongée, plus on monte du niveau de la mer vers les montagnes et plus la **pression atmosphérique** diminue, celle de l'oxygène en particulier : on parle d'hypoxie d'altitude, à partir de 2500-3000 m. Là encore, les poumons et le cœur vont compenser ce manque d'oxygène par une activité plus importante.

Cela donnera une impression d'essoufflement surtout à l'exercice, mais les organes et surtout les fibres musculaires seront livrés en oxygène. Cette adaptation a des limites et lors des randonnées en très haute montagne, la plupart des alpinistes utilisent des bouteilles d'oxygène.

Toujours plus haut

Au bout de quelques semaines d'un séjour en altitude, le nombre de globules rouges augmente et il y aura davantage d'hémoglobine pour transporter plus d'oxygène. C'est pourquoi certains sportifs vont faire des séjours d'entraînement en altitude car ce phénomène perdure quelque temps et permet d'améliorer les performances au retour.

On monte encore plus haut avec les avions et la pression très basse de l'air (donc de l'oxygène) ne permet pas de respirer. La pression de l'air à l'intérieur des avions est donc augmentée artificiellement : on dit que les avions sont « pressurisés ». En réalité, ils ne le sont que partiellement pour des raisons de coût.

C'est pourquoi si cette pression baisse dangereusement, des masques à oxygène sont prévus au-dessus de chaque siège.

Lors de la descente de l'avion, on a souvent mal aux oreilles (et les bébés se mettent à pleurer !), à cause des tympans, comme en plongée.

Et les cosmonautes?

Des réserves d'oxygène sont prévues à bord des vaisseaux spatiaux et fournies à pression optimale, mais l'absence de pesanteur va surtout avoir des conséquences sur la circulation et les muscles. La circulation du sang, donc le transport de l'oxygène et du CO_2, est ralentie. L'absence de pesanteur fait aussi que les muscles sont toujours relâchés, comme pendant le sommeil : ils ne peuvent pas participer à renvoyer le sang des jambes vers le cœur. Des phases d'exercice sont prévues dans les programmes à bord pour entretenir les muscles.

Pression atmosphérique : pression exercée par le poids de l'air au-dessus d'une surface. Elle varie en fonction de l'altitude et on peut la mesurer à l'aide d'un appareil appelé baromètre.

Pesanteur : tendance d'un corps situé sur la Terre à tomber vers le centre de la Terre. Cette « force d'attraction » de la Terre dépend de l'altitude et lorsqu'on s'éloigne de notre planète – lors de vols spatiaux – elle disparaît progressivement.

DU PREMIER CRI AU DERNIER SOUPIR

Nous arrivons à la fin de notre grand voyage depuis l'oxygène fourni par les plantes jusqu'aux conditions extrêmes imaginées par l'Homme : la plongée dans les profondeurs comme les poissons et le vol au-delà du ciel, mieux que les oiseaux… Il est temps de revenir à notre première respiration.

Le premier cri du bébé à la naissance a de tout temps été considéré comme étant notre premier souffle : le moment où ses poumons vont se remplir d'air.

Mais alors ? Il ne respirait pas avant ? Bonne question car il faut savoir que la naissance constitue une véritable révolution pour lui, car tout est vraiment très différent.

Prémices d'une liberté

Le fœtus

Le fœtus qui baigne dans une poche liquide protectrice reçoit les nutriments et l'oxygène de sa mère par le **cordon ombilical** : donc voilà déjà une façon originale de « respirer ». Pourtant, il a déjà des petits poumons qui ne respirent pas, car remplis de **liquide amniotique**. Le sang qui les irrigue en sort comme il est entré. Ces poumons se préparent en secret pour le grand jour : on sait grâce à des images radiologiques que le cerveau est bien développé et commande déjà aux poumons de bouger, histoire de s'entraîner. Le foie fabrique déjà sa propre hémoglobine qui fixe beaucoup mieux l'oxygène que celle des adultes : un petit carrosse très performant qui disparaîtra peu à peu après la naissance pour être remplacé par la forme adulte.

Il faut se préparer en effet, car une incroyable révolution va avoir lieu à la naissance au moment où va être coupé le fameux cordon ombilical : le bébé manque alors d'oxygène et il va crier à pleins poumons pour les vider du liquide et prendre son premier bol d'air.

Et le beau mouvement de ces ailes intérieures va se perpétuer tout au long de la vie. L'oxygène sortant des poumons est envoyé au cœur gauche qui va le propulser partout dans les organes. Mais le cœur, lui, fait un petit bruit rassurant, poum tac… poum tac… qui s'accélère lorsque nous faisons du sport et aussi quand nous sommes amoureux.

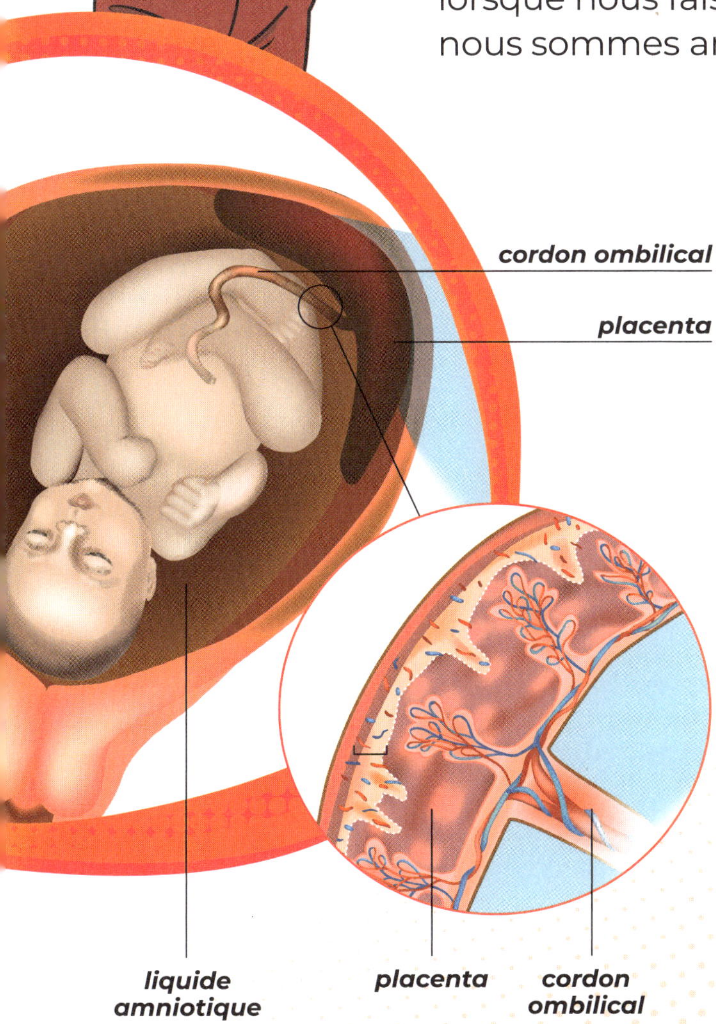

Cordon ombilical : cordon contenant des vaisseaux et reliant le fœtus au placenta et permettant la nutrition par la mère du futur bébé.

Liquide amniotique : poche de liquide qui entoure le fœtus dans le ventre de sa mère et qui le protège des chocs.

PARMI LES COMPOSANTS DU SANG

Dans le sang en effet il n'y a pas que les globules rouges, il y a aussi les blancs mais ils n'ont pas de rôle dans la respiration. Ils ont bien à faire ailleurs !

Les cellules du sang en chiffres

Voilà comment se présente un résultat de laboratoire biologique:

	Nom	Valeurs normales
Globules rouges 	**Hématies**	3200000 à 5400000 par ml
Globules blancs	**Leucocytes:**	
	**Polynucléaires**	1500 à 7500 par ml (environ 50 %)
	**Lymphocytes**	1100 à 4400 par ml (environ 40 %)
	**Monocytes**	200 à 800 par ml (environ 10 %)
Plaquettes 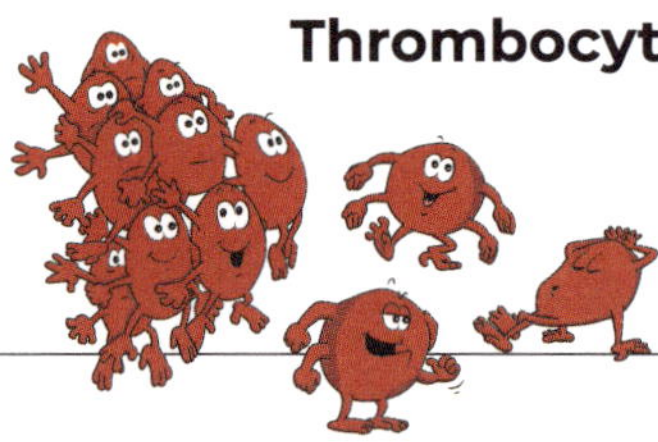	**Thrombocytes**	150000 à 400000 par ml

Immunité : ensemble des mécanismes de défense d'un organisme vivant contre les agents étrangers, notamment les microbes.

Vaccin : substance que l'on inocule à une personne ou à un animal pour le protéger d'une maladie en l'immunisant.

Rôle
Les globules rouges, cellules sans noyau, aplaties vues de profil, sont exclusivement dédiés avec leur hémoglobine au transport des gaz respiratoires oxygène et CO_2.
Secrets défense !
Les polynucléaires sont les plus importants. Les neutrophiles sont spécialistes de la défense en urgence contre les microbes. C'est une armée nombreuse et efficace qui va faire la guerre aux intrus, en passant dans les organes atteints. D'abord, ils capturent les microbes puis les digèrent carrément, à condition bien sûr qu'ils ne soient pas trop nombreux. Sinon, il faudra faire appel à des médicaments. Les autres polynucléaires (basophiles et éosinophiles) n'apparaissent en nombre que dans des maladies particulières.
Les lymphocytes sont impliqués dans la défense mais d'une autre façon qui prend un peu plus de temps. Ils sont capables de reconnaître des intrus et de fabriquer dès la première visite des substances qui les neutralisent : les anticorps. Ainsi, à la prochaine visite de ces intrus, ceux-ci seront reconnus et neutralisés immédiatement : on dit que vous êtes immunisé contre ce microbe. Il s'agit d'une **immunité** que votre corps a acquise. On peut aussi pour éviter des maladies injecter des anticorps fabriqués dans des usines de pharmacies : ce sont les **vaccins** dont beaucoup sont obligatoires dès l'enfance.
Les monocytes sont peu nombreux mais augmentent transitoirement dans certaines maladies comme la grippe.
Les plaquettes, quand ça saigne ! Ces petites cellules sans noyau sont spécialisées dans l'urgence en cas de blessure : elles vont arriver rapidement sur la brèche et vont provoquer un caillot qui va boucher la plaie le plus vite possible, si elle n'est pas trop grande. Sinon, le médecin interviendra en cousant quelques points, avec une aiguille et du fil spéciaux.

POUR ALLER PLUS LOIN

La population des globules rouges

Les globules rouges n'ont pas de noyau. Au contraire, leur centre est aplati et, de profil, ils ressemblent à des soucoupes volantes. On les trouve en très grand nombre dans le sang : 5 millions par ml, soit 25 milliards pour 5 litres de sang, ce qui représente plus de trois fois la population mondiale.

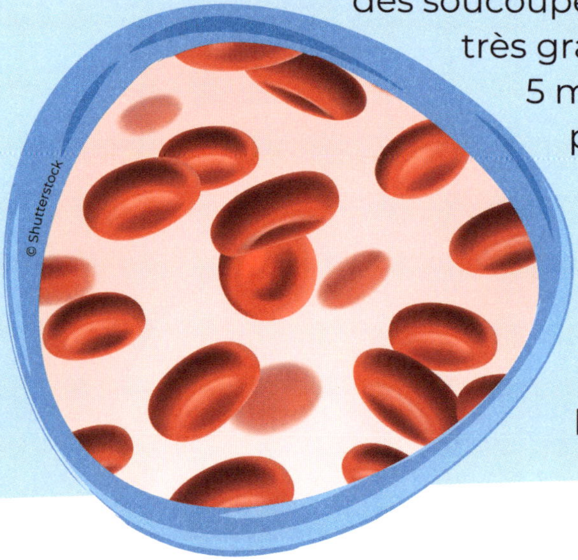

Ils se renouvellent tous les 120 jours grâce à une énorme production quotidienne dans la moelle des os.

La mort programmée

Les globules rouges vont finir leur vie dans la rate après 120 jours de bons et loyaux services. Tandis que les globules blancs sont détruits après quelques jours, les débris sont récupérés par des cellules spécialisées dans le grand ménage : les **phagocytes**. Leur nom veut dire cellules « mangeuses ».

Un essoufflement bien curieux

Un patient consulte parce qu'il est essoufflé, a des difficultés à respirer au moindre exercice alors que radiographies et examens pulmonaires ne montrent aucune anomalie. Son cœur est également parfait. C'est l'examen du sang qui va tout expliquer : on trouve une baisse du nombre de globules rouges, maladie qui s'appelle l'**anémie**. Le patient est pâle, fatigué et a l'impression de manquer d'air car il lui manque en fait le plus grand transporteur d'oxygène : l'hémoglobine. Ce manque d'oxygène dans le sang déclenche une commande du cerveau pour un travail supplémentaire. Ainsi, les poumons tentent d'alimenter les organes en oxygène.

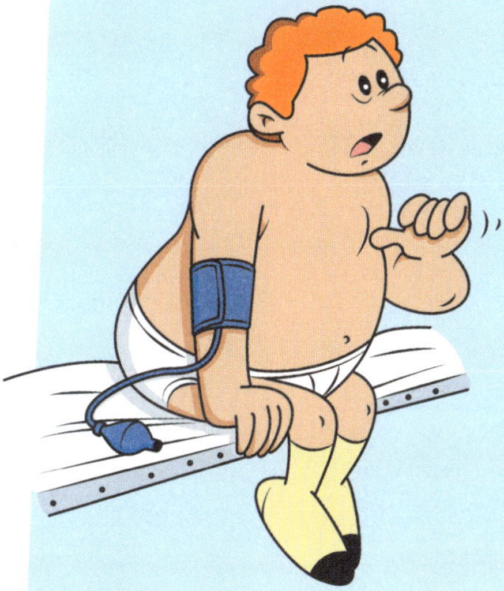

Le retour veineux

On appelle ainsi le retour du sang vers le cœur après son passage dans les organes où il s'est appauvri en oxygène et enrichi en CO_2. Plus particulièrement, cela fait référence au sang dans les veines des jambes : dans l'espèce humaine, la position debout favorise l'accumulation du sang à ce niveau et cela provoque la sensation de « jambes lourdes » après une journée de travail debout sans déplacement. La contraction des muscles, au contraire, par la marche, la course ou le vélo favorise ce retour veineux et la circulation en général.

QUESTIONS

1 Le sang qui sort des poumons est plus oxygéné que celui qui sort des organes.
○ Vrai ○ Faux

2 Le sang dans notre corps est comme contenu dans une outre et ne s'écoule que s'il y a une plaie. ○ Vrai ○ Faux

3 L'oxygène et le CO_2 voyagent du poumon vers les autres organes.

a) *Grâce à l'hémoglobine chez l'homme et les mammifères.* ○ Vrai ○ Faux

b) *Grâce à l'hémoglobine chez les poissons.* ○ Vrai ○ Faux

c) *Grâce à l'hémoglobine chez le ver des plages atlantiques (Arenicola).* ○ Vrai ○ Faux

4 L'oxygène dont nous avons besoin

a) *Est fabriqué dans nos poumons.* ○ Vrai ○ Faux

b) *Est fabriqué dans la nature par les plantes.* ○ Vrai ○ Faux

c) *On peut mettre l'oxygène en bouteilles pour utilisation chez des malades.* ○ Vrai ○ Faux

5 L'apnée

a) *Est un arrêt automatique de la respiration quand on va dans l'eau.* ○ Vrai ○ Faux

b) *Est une technique connue depuis longtemps par les pêcheurs de perles en Orient et les pêcheurs de corail en mer Méditerranée.* ○ Vrai ○ Faux

c) *Est une situation d'une durée limitée car les poumons reprennent leurs mouvements quand l'oxygène manque et que le CO_2 s'accumule.* ○ Vrai ○ Faux

6 *La plongée avec bouteille d'air comprimé*

- **a** *Permet de rester plus longtemps et plus profondément sous l'eau.* ○ Vrai ○ Faux
- **b** *Plus on descend dans l'eau et plus la pression (par exemple dans les oreilles) est basse.* ○ Vrai ○ Faux
- **c** *Quand un plongeur effectue sa remontée, il doit le faire progressivement par paliers pour éviter les accidents de décompression.* ○ Vrai ○ Faux

7 *La respiration en altitude*

- **a** *Est plus difficile car la pression en oxygène est plus élevée.* ○ Vrai ○ Faux
- **b** *On peut avoir l'impression d'essoufflement car le cerveau commande aux poumons de respirer plus fortement.* ○ Vrai ○ Faux
- **c** *Dans un avion, la pression est augmentée artificiellement pour permettre une respiration sans essoufflement.* ○ Vrai ○ Faux

8 ***Le sang sort des poumons bien oxygéné, passe par le cœur gauche pour être propulsé dans les autres organes.*** ○ Vrai ○ Faux

9 ***Le sang du cœur gauche et du cœur droit se mélange grâce à des petits trous dans la paroi qui les sépare.*** ○ Vrai ○ Faux

10 ***La respiration dans les cellules du corps humain se fait dans le noyau des cellules*** ○ Vrai ○ Faux

Solutions

1 Vrai
2 Faux
3 a Vrai b Faux c Vrai
4 a Faux b Vrai c Vrai
5 a Faux b Vrai c Vrai
6 a Vrai b Faux c Vrai
7 a Faux b Vrai c Vrai
8 Vrai
9 Faux
10 Faux

TABLE DES MATIÈRES

LE SANG CIRCULE ? MAIS DEPUIS QUAND ? — p. 4
MAIS QUI FOURNIT L'OXYGÈNE ? — p. 6
LES POUMONS, PREMIÈRE ÉTAPE DU GRAND VOYAGE — p. 8
QUI COMMANDE LES MOUVEMENTS DES POUMONS ? — p. 10
LES ALVÉOLES PULMONAIRES — p. 12
L'HÉMOGLOBINE — p. 14
LES ORGANES ET LES CELLULES — p. 16
LE GRAND RETOUR VERS LE POUMON — p. 18
LA CONSOMMATION D'OXYGÈNE MAXIMALE (VO_2 MAX) — p. 20
INSUFFISANCES RESPIRATOIRES — p. 22
LES DANGERS DU MONOXYDE DE CARBONE — p. 24
BIEN RESPIRER POUR BIEN COURIR — p. 26
UNE MALADIE RESPIRATOIRE : L'ASTHME — p. 28
RESPIRATION ET LANGAGE PARLÉ — p. 30
RESPIRER SOUS L'EAU — p. 32
DAUPHINS ET BALEINES — p. 34
LA RESPIRATION DES AUTRES ANIMAUX MARINS — p. 36
RESPIRER EN ALTITUDE — p. 38
DU PREMIER CRI AU DERNIER SOUPIR — p. 40
PARMI LES COMPOSANTS DU SANG — p. 42
POUR ALLER PLUS LOIN — p. 44
QUESTIONS — p. 46